DE LA DÉTENTION PRÉVENTIVE

PAR

ALBERT LOUSTAUNAU

AVOCAT A LA COUR D'APPEL DE PARIS

(Discours prononcé a la séance de rentrée de la Conférence Paillet. le jeudi 13 décembre 1877, et publié dans *La France judiciaire*).

PARIS

A. DURAND et PEDONE-LAURIEL, Éditeurs,

LIBRAIRES DE LA COUR D'APPEL ET DE L'ORDRE DES AVOCATS

G. PEDONE-LAURIEL, Successeur

13, rue Soufflot, 13.

—

1878

DE

LA DÉTENTION PRÉVENTIVE

PAR

ALBERT LOUSTAUNAU

AVOCAT A LA COUR D'APPEL DE PARIS

(Discours prononcé à la séance de rentrée de la Conférence Paillet, le jeudi 13 décembre 1877, et publié dans *La France judiciaire*).

PARIS

A. DURAND et PEDONE-LAURIEL, Éditeurs,

LIBRAIRES DE LA COUR D'APPEL ET DE L'ORDRE DES AVOCATS

G. PEDONE-LAURIEL, Successeur

13, rue Soufflot, 13.

—

1878

DE LA DÉTENTION
PRÉVENTIVE

La détention préventive a été sagement définie une injustice nécessaire.

Elle est une injustice, parce qu'elle supprime la liberté dont l'homme a besoin pour exercer ses facultés physiques et morales, c'est-à-dire pour exécuter les ordres de la nature.

Sans doute, la société a le droit d'emprisonner le coupable; mais la détention préventive n'atteint pas un coupable, dans le sens légal du mot; la culpabilité ne résulte que du jugement ou de l'arrêt, et la détention préventive, comme son nom l'indique, précède ce jugement ou cet arrêt.

Après plusieurs jours, plusieurs semaines, plusieurs mois de pénibles efforts, la justice, née boiteuse et que la science ne guérira jamais de ce vice constitutionnel, la justice se traîne jusqu'à l'inculpé. Ou elle le condamne ou elle l'acquitte. Supposons qu'elle le condamne; les longues heures de l'incarcération provisoire viendront-elles en déduction de la durée de sa peine? non : la durée de la peine ne compte que du jour du jugement ou de l'arrêt (art. 24 du code pénal). Qu'il soit acquitté, au contraire; la société lui rendra-t-elle sa liberté perdue, son repos troublé, ses affections brisées, sa fortune compromise, que sais-je, sa considération détruite? pas davantage : la société, comme certains duellistes, exige toujours la réparation qui lui est due, mais accorde rarement la réparation qu'elle doit.

Pour être injuste, la détention préventive n'en est pas moins nécessaire.

« Cette détention, dit M. Faustin-Hélie[1], si on la décompose dans ses différents éléments, est à la fois une mesure de sûreté, une garantie de l'exécution de la peine et un moyen d'instruction : une mesure de sûreté, car un premier crime peut entraîner son auteur à en commettre un autre, et dans certains cas, notamment dans les cas de flagrant délit, la présence de l'agent demeuré libre sur les lieux, pourrait causer des troubles; une garantie de l'exécution du jugement, car il pourrait se dérober par la fuite au châtiment qui le menace; un moyen d'instruction, car, d'une part, la

1. *Traité de l'instruction criminelle*, t. IV, n° 1948.

justice puise une partie de ses preuves dans les interrogatoires et les confrontations de l'inculpé, et, d'une autre part, il importe de ne pas lui laisser la faculté de faire disparaître les traces du crime, de suborner les témoins, de se concerter avec ses complices. »

Oui, la détention préventive est, dans certains cas, une mesure de sûreté légitime. Moyaux jette sa fille dans le puits de Bagneux ; puis, armé jusqu'aux dents, il se poste en embuscade, guettant sa femme comme un chasseur arabe une panthère. Pourquoi la société, qui cloître les fous furieux dans les cellules de l'asile Sainte-Anne, n'aurait-elle pas le droit d'emprisonner ce forcené ? Ce droit, elle le puise dans le grand principe de la légitime défense. Qu'elle l'exerce toutefois avec une extrême modération. Le péril social est un mot sonore dont on se sert trop souvent, comme d'un roulement de tambours, pour étouffer les cris de victimes innocentes. Emprisonner un homme sous prétexte qu'il est dangereux, c'est imiter Louis XIII, de peu juridique mémoire : Pourquoi me mettez-vous à la Bastille ? lui demanda Bassompierre, et le roi lui répondit : Pour que vous ne soyez pas porté à mal faire.

Selon M. Faustin-Hélie, la détention préventive protège l'inculpé en même temps que la société, et cette opinion, M. Émile Clolus la développe ainsi : « Si, en France, nous n'assistons pas à ces spectacles effrayants dont les journaux américains nous donnent de fréquents récits, à ces exécutions sommaires et cruelles qui ont lieu en dehors de toute garantie judiciaire ; si, en un mot, la lugubre loi de Lynch n'est pas appliquée chez nous, c'est précisément parce que l'inculpé est soustrait, dès que le crime a été accompli et dès le commencement de l'instruction, aux vengeances immédiates, aux châtiments irrémédiables qui le frapperaient sans pitié, et qui consacreraient des scandales, des troubles aussi profonds que ceux dont le crime même est l'occasion. » (*De la détention préventive*, p. 48.)

C'est là un résultat, non une des causes de la détention préventive. La société doit protection au citoyen que la foule accuse et menace dans l'emportement d'une fureur coupable lors même qu'elle n'est point aveugle. Singulière façon d'accomplir ce devoir que de prendre ce citoyen au collet et de le jeter en prison !

D'ailleurs M. Émile Clolus se trompe en attribuant à la détention préventive l'honneur de suspendre l'exécution de la loi de Lynch. Aucune loi de ce genre ne fut édictée par les Germains qui cependant repoussaient l'emprisonnement, soit à titre de mesure préventive, soit même comme moyen répressif. « Celui qui aura sans motif enchaîné un homme libre, disait la Loi salique, sera condamné à trente sols d'or. » (Tit. XXXIV.) — Si un homme libre en a enchaîné un autre, et qu'il n'établisse pas la culpabilité de celui-ci, il sera condamné à trente sols d'or. » (Tit. XLIII.) M. Émile Clolus nous croit-il inférieurs à nos ancêtres sur le terrain de la police ? Lorsque les colons de la Caroline, au XVIe siècle, confièrent à Lynch la dictature sauvage de la justice sommaire, ils obéirent à la nécessité, ou tout au moins à l'apparence de la nécessité. Depuis longtemps cette apparence s'est évanouie, et la loi de Lynch, souvenir sanglant d'une époque disparue, disparaîtra tôt ou tard. Quelle nation européenne oserait se flatter d'avoir débarrassé ses mœurs de tous les vieux débris de ses usages surannés ?

La détention préventive est de plus une garantie de l'exécution du jugement.

Le droit de punir appartient incontestablement à la société; mais où prend-il sa source ? Poser cette question au jurisconsulte, c'est, paraît-il, interroger le géographe sur la source du Nil. La réponse me semble pourtant facile.

L'état de société est l'état naturel de l'humanité, quoi qu'en disent Beccaria, Jean-Jacques Rousseau et leurs adeptes, et la société n'existe que par la force de ses lois. Ce sont là des vérités élémentaires dont la démonstration nous coûterait peu d'efforts; néanmoins, pour éviter une digression inutile, nous nous permettrons d'ériger ces vérités en axiomes. L'état de société est l'état naturel de l'humanité, et la société n'existe que par la force de ses lois. Donc la société, qui a le devoir d'exister, a le droit de frapper quiconque attaque ses lois. L'idée de sanction est inséparable de l'idée de loi, et la peine est la sanction de la loi criminelle.

Eh bien, sans la détention préventive, le droit de punir serait souvent une arme impuissante.

La crainte du châtiment inspire l'idée de la fuite. Caïn tremble devant le cadavre d'Abel et se cache; mais Dieu trouve Caïn et le punit. Il faut que la main de la justice, alors qu'elle s'est levée, puisse retomber sur le coupable; autrement la justice jouerait le rôle ridicule de Cassandre menaçant Arlequin de son bâton et ne frappant que le vide.

Enfin la détention préventive est un moyen d'instruction. Elle est, dans notre législation criminelle, « la conséquence directe du principe de la procédure inquisitoriale. Il faut à cette procédure les interrogatoires et les confrontations de l'inculpé; il lui faut surtout une action à l'abri de ses influences et de ses contradictions[1]. »

La question serait de savoir si notre législation criminelle n'est pas mauvaise, à ce point de vue; si le mélange de procédure inquisitoriale et de procédure accusatoire dont elle se compose est le résultat d'une formule exacte, figurant au Codex de la justice moderne; si la procédure accusatoire ne devrait pas y entrer dans une proportion plus considérable, ou même absorber complètement la procédure inquisitoriale; mais cette question est beaucoup trop large pour tenir dans le cadre de ce travail.

Quoi qu'il en soit, la détention préventive, en tant que moyen d'instruction, doit être réservée à des cas d'une gravité exceptionnelle. Elle facilite, je le sais, l'œuvre de la justice; mais cette excuse est rarement valable. La torture aussi, en arrachant au patient un aveu, sincère ou mensonger, facilitait l'œuvre de la justice; qui songe pour cela à ressusciter la question préparatoire ? Même dans l'état actuel de notre législation, pour que l'in-

1. Faustin-Hélie, *Traité de l'instruction criminelle*, tome IV, n° 1948.

carcération préalable soit admissible, il faut la preuve, lumineuse jusqu'à l'excès, que sans elle la justice resterait impuissante, malgré les efforts les plus vigoureux et les plus soutenus.

Et maintenant que nous connaissons le vrai caractère de la détention préventive, que nous la savons injuste, inique, quand elle n'est pas nécessaire, indispensable, nous sommes en mesure d'entreprendre l'examen critique des dispositions légales qui la régissent.

L'arrestation préalable n'est permise qu'à l'égard des individus menacés de la peine de l'emprisonnement ou d'une peine plus grave (art. 16, 94, 129, 131 du code d'instruction criminelle). Parfois cependant la police, s'autorisant d'un usage nécessaire, et non de la loi comme en Angleterre[1], arrête, dans le seul but de constater son identité, une personne prévenue d'un fait, délit ou contravention, n'emportant pas la peine de l'emprisonnement; mais cette personne est immédiatement relaxée.

En principe, c'est au juge d'instruction qu'il appartient d'ordonner l'arrestation (art. 61 et 91 du code d'instruction criminelle). Par exception, dans les cas de flagrant délit, ce droit passe aux officiers de police judiciaire (art. 40). Par exception encore, dans les mêmes cas de flagrant délit, l'arrestation peut être opérée sans aucun ordre par tout dépositaire de la force publique, et aussi par toute personne (art. 16 et 106).

La détention préventive, proprement dite, ne prend pas naissance avec l'arrestation; son point de départ est l'instant où le juge d'instruction décerne contre l'inculpé un mandat de dépôt ou d'arrêt, c'est-à-dire signifie l'ordre à un agent de la force publique de le conduire dans la maison d'arrêt, et au concierge de cette maison de l'y écrouer (art. 94, 107 et 110 du code d'instruction criminelle).

L'interrogatoire précède donc la détention. « C'est là, dit M. Faustin-Hélie, l'une des garanties les plus importantes que le code ait assurées à la défense (*Traité de l'instruction criminelle*, T. IV, n° 1963). » C'est là, ajouterai-je, la garantie la plus élémentaire. Qu'un homme aille en prison, soit ! mais qu'il sache au moins pourquoi. Il fallait la cruauté du bon vieux temps pour qu'un gentilhomme, victime d'une lettre de cachet payée vingt-cinq louis à la maîtresse d'un ministre[2], n'apprît qu'en sortant de la Bastille la cause de son incarcération.

La détention préventive, proprement dite, étant postérieure à l'arrestation, celle-ci ne saurait nous occuper longuement; néanmoins, puisque l'arrestation préalable est un obstacle contre lequel la liberté individuelle se heurte et se blesse, demandons-nous si la loi prend à son égard toutes les mesures de précaution nécessaires.

Pour faire venir l'inculpé dans son cabinet, le juge d'instruction dispose de deux mandats, du mandat de comparution et du mandat d'amener.

1. *Victoriæ reginæ*, cap. XLVII, sect. LXIII et LXIX.

2. La marquise de Langeac, maîtresse du marquis de la Vrillière, ministre de Louis XIV.

Ces deux mandats diffèrent par leur rédaction[1] et par leur mode d'exécution (art. 93, 95, 97, 98 et 99 du code d'instruction criminelle); l'un est une invitation pressante, l'autre un ordre formel; l'inculpé est libre de ne pas répondre au mandat de comparution, il est forcé d'obéir au mandat d'amener : derrière le mandat d'amener il y a un gendarme.

Le juge d'instruction choisit généralement celui de ces deux mandats derrière lequel se montre le gendarme.

Eh bien, ce pouvoir discrétionnaire donné au juge d'instruction s'accorde mal avec les principes de la liberté individuelle et de l'égalité devant la loi.

Pour qu'un homme devienne le prisonnier de la société, il faut plus que la volonté d'un autre homme; il faut celle de la loi. La loi seule est assez prudente pour prendre une décision aussi grave. Nous n'entendons pas insinuer qu'en employant tel mandat de préférence à tel autre, le juge d'instruction cède à des considérations étrangères à son devoir; la magistrature nous inspire un respect trop profond et trop sincère. Voici le fond de notre pensée : dans certains cas, le juge d'instruction peut paraître s'exagérer son devoir, et, selon nous, les magistrats doivent défier tous les soupçons, même le soupçon honorable d'apporter trop de fermeté dans l'exercice de leurs fonctions.

Le code d'instruction criminelle d'ailleurs se met en contradiction avec lui-même.

Si le délit n'entraîne pas la peine de l'emprisonnement, le prévenu est mis en liberté, à charge par lui de se représenter à jour fixe devant le tribunal (art. 131 du code d'instruction criminelle); évidemment, et d'après ce que nous avons dit plus haut, celui qui conserve ainsi sa liberté après son interrogatoire, ne doit pas à plus forte raison la perdre avant son interrogatoire.

En matière correctionnelle, la mise en liberté est de droit, cinq jours après l'interrogatoire, en faveur du prévenu domicilié, quand le *maximum* de la peine prononcée par la loi est inférieur à deux ans d'emprisonnement (art. 113 du code d'instruction criminelle); là encore, et par le même motif, il y a lieu pour le juge d'instruction d'employer le mandat de comparution[2].

Pourquoi le législateur n'ordonnerait-il pas l'emploi du mandat de com-

1. La loi n'exige pas que les mandats de comparution et d'amener contiennent l'énonciation du fait pour lequel ils sont décernés (art. 95 et 96 du code d'instruction criminelle). Je ne sais rien de plus inique. Un mandat est moins explicite qu'une assignation! Il faut, dira-t-on peut-être, que le juge d'instruction prenne les coupables à l'improviste. Je répondrai que ce ne sont pas les coupables, mais les innocents qu'il prend à l'improviste. Le coupable n'a pas besoin d'apprendre par le mandat la cause des poursuites dont il est l'objet : sa conscience se charge de l'instruire; aussi ne pénètre-t-il dans le cabinet du magistrat instructeur que la visière baissée et la lance en arrêt. L'innocent, au contraire, ignore ce que lui veut la justice, et c'est désarmé qu'il engage la lutte.

2. FAUSTIN-HÉLIE, *Traité de l'instruction criminelle*, tome IV, nos 1956 et 1957.

parution dans les cas des articles 113 et 131 du code d'instruction criminelle ?

Ce ne serait pas assez.

Il faut que le législateur fasse du mandat de comparution, c'est-à-dire de la liberté, la règle, et du mandat d'amener, c'est-à-dire de l'arrestation, l'exception.

Le 10 février 1819, M. de Serres, garde des sceaux, adressait à ses subordonnés une circulaire devenue fameuse, dont voici quelques passages : « Des réclamations nombreuses ont signalé, dans ces derniers temps, divers abus dans l'instruction des procédures criminelles ; ces plaintes peuvent n'être pas exemptes d'exagération ; il paraît cependant que plusieurs ne sont que trop fondées. Les plaintes ont porté sur la facilité, la légèreté même avec laquelle sont faites les arrestations. Toutes les fois qu'il s'agit de simples délits, et que l'inculpé est domicilié, le juge d'instruction doit généralement se borner à décerner un mandat de comparution, sauf à le convertir en tel autre mandat qu'il est jugé nécessaire, après que l'inculpé a été interrogé. Le code d'instruction criminelle l'autorise à en agir ainsi, et par cette disposition facultative, le législateur a indiqué que l'on ne doit pas sans motif grave user de contrainte envers un individu qui présente une garantie[1]. » Eh bien, la loi serait plus puissante que les circulaires ministérielles pour inspirer au magistrat instructeur le respect dû à la liberté individuelle, pour lui enseigner que la nécessité, la nécessité absolue, justifie seule l'arrestation ; d'autant plus que les circulaires ministérielles, grâce aux revirements de la politique, se suivent, mais ne se ressemblent pas, et que l'entrée au ministère d'un M. *** en chasse promptement le libéralisme apporté par M. de Serres.

Ne pourrait-on pas reprendre un amendement présenté par MM. Welles de Lavalette et autres, lors de la discussion de la loi du 14 juillet 1865, et repoussé malgré les éloquents efforts de M. Marie ? Aux termes de cet amendement, le mandat de comparution était obligatoire en matière correctionnelle, sauf à l'égard des repris de justice, des individus non domiciliés, de ceux pris en flagrant délit, et enfin de ceux passibles d'un emprisonnement de six mois au *minimum*[2].

Nous n'adresserons qu'un reproche à cet amendement, celui de distinguer entre les crimes et les délits. Faire du mandat de comparution la règle en matière correctionnelle, c'est par *a contrario* en faire l'exception en matière criminelle, résultat inadmissible, au moins pour nous. Le mandat de comparution, encore une fois, doit être la règle générale, applicable à tous les inculpés. Assurément, en matière criminelle, l'exemption sera plus fréquente que la règle, mais peu importe. Cette distinction d'ailleurs est superflue : le mandat de comparution cessant d'être obligatoire à l'égard des

1. Dalloz, *Répertoire*, *Instruction criminelle*, n° 59, note 4.

2. Dans le principe, cet amendement n'établissait pas d'exception relativement aux individus passibles de six mois d'emprisonnement au *minimum*.

inculpés passibles d'un emprisonnement de six mois au *minimum*, le mandat d'amener se trouve, par cela même, suspendu comme une épée de Damoclès, au dessus de la tête de tous les criminels.

Sous cette réserve, l'amendement semble très-acceptable.

Le mandat de comparution n'est pas obligatoire à l'égard des individus non domiciliés. Là où la fuite est probable, la détention préventive, et par conséquent l'arrestation est nécessaire ; or l'évidence de la fuite est en raison directe de l'absence de domicile.

Le mandat de comparution n'est pas obligatoire à l'égard des repris de justice. De mauvais antécédents sont de premiers témoins à charge ; il appartient au juge d'instruction de régler le sort de l'individu qui se présente à lui porteur d'un casier judiciaire, au lieu de certificats de bonne conduite.

Le mandat de comparution n'est pas obligatoire à l'égard des individus pris en flagrant délit. Dans les cas de flagrant délit, la société se trouve en état de légitime défense ; dès lors l'arrestation immédiate est pour elle un droit incontestable.

Enfin le mandat de comparution n'est pas obligatoire à l'égard des inculpés passibles de six mois d'emprisonnement au *minimum*.

La crainte du châtiment allume le désir de la fuite ; mais le désir de la fuite peut s'éteindre au contact d'un intérêt puissant ; l'homme obéit toujours à son intérêt, intérêt matériel ou intérêt moral : c'était la doctrine d'Epicure, si honteusement dénaturée par ses disciples. Or le domicile engendre cet intérêt puissant.

Qu'est-ce que le domicile, sinon le coin du monde où celui-ci gagne difficilement son pain, où celui-là construit aisément sa fortune ; sinon l'asile de nos plaisirs et de nos tourments, de nos joies et de nos douleurs, de toutes ces sensations, de tous ces sentiments agréables ou pénibles dont la réunion constitue ce qu'il nous plaît d'appeler le bonheur ? Fuir, quitter cet asile, c'est renoncer au bonheur. Qui de plus malheureux que le Juif errant ! Le vagabondage est un état hors nature ; il y a des peuples nomades, il n'y a pas de peuples vagabonds : l'Arabe, par exemple, a un domicile : sa tente, qu'il emporte avec lui et qu'il dresse où il s'arrête.

Cependant lorsque la peine est sévère, la fuite est probable, et il convient alors d'armer le juge d'instruction du mandat d'amener, comme du lacet dont les Sarmates se servaient à la guerre et dont les Américains du sud se servent à la chasse.

La difficulté est de déterminer l'instant où la peine devient assez sévère et la fuite assez probable pour permettre l'usage de ce lacet. Placez deux individus, également domiciliés, devant le même châtiment : l'un restera immobile, l'autre franchira la frontière.

« Ne pouvait-on pas, demande M. Faustin-Hélie [1], ne pouvait-on pas, sans préciser les cas, ce qui serait impossible, énoncer les conditions générales

1. *Traité de l'instruction criminelle*, t. IV, n° 1958.

qui peuvent motiver l'emploi du mandat de comparution ? Par exemple, le domicile, l'exercice d'un métier, d'une industrie, le fait d'un établissement, d'une certaine aisance, d'une famille au milieu de laquelle l'inculpé vivrait, d'une vie laborieuse et régulière ? » Non, on ne le pouvait pas; de telles énonciations eussent été incomplètes et par conséquent dangereuses.

Ce qu'on pouvait faire, c'était poser une règle générale; la confirmer par des exceptions plus ou moins nombreuses; retirer au juge d'instruction tout pouvoir discrétionnaire dans l'application de la règle, et lui laisser un pouvoir discrétionnaire absolu dans l'application des exceptions. Le pouvoir discrétionnaire des magistrats, lorsqu'il tend à adoucir les sévérités de la loi, loin d'être un danger, est une sauvegarde pour les citoyens.

La loi aurait eu recours à un expédient qui lui est familier, à une présomption. Elle aurait fixé le degré à partir duquel la peine eût été réputée suffisamment sévère pour nécessiter l'emploi du mandat d'amener.

Et ce degré, la loi l'aurait fixé non d'après le *maximum*, comme l'article 113 du code d'instruction criminelle, mais d'après le *minimum* de la peine. La gravité de la peine, en effet, dépend du *minimum ;* exemple : d'une part, la femme convaincue d'adultère subit la peine de l'emprisonnement pendant trois mois au moins et deux ans au plus (art. 337 du code pénal); d'autre part, quiconque a attenté aux mœurs, en excitant, favorisant ou facilitant habituellement la débauche ou la corruption de la jeunesse de l'un ou de l'autre sexe, au-dessous de l'âge de vingt et un ans, est puni d'un emprisonnement de six mois à deux ans (art. 334); quel est le plus rigoureux des deux articles ? Évidemment le second : le *maximum* de la peine est égal dans l'article 337 et dans l'article 334, mais le *minimum* de l'article 334 est le double du *minimum* de l'article 337.

La bonne administration de la justice défend-elle à la loi de prendre le *minimum* de six mois d'emprisonnement pour base de la présomption dont nous nous occupons ? Je ne le crois pas.

Voici ce qu'objectait M. Mathieu, rapporteur de la loi du 14 juillet 1865[1], à M. Marie, champion vigoureux de l'amendement : « Supposez un homme accusé de l'un de ces graves délits qui touchent de si près au crime; un mandat de comparution l'atteint. C'est là, je le sais, une mesure préalable que peut et doit suivre un mandat d'amener, peut-être un mandat de dépôt; eh bien, alors, il n'aura qu'une préoccupation : sans doute il pourra espérer que « cela finira bien, » comme dit l'exposé des motifs, mais il peut craindre aussi que cela finira mal ; il se mettra en face d'une condamnation possible, et, poussé par le sentiment de sa faute, surtout de la condamnation qui l'attend, que fera-t-il ? Il prendra la fuite. Supposez, par exemple, puisque nous sommes en matière correctionnelle, supposez un accusé d'escroquerie, non pas d'une de ces misérables escroqueries pour lesquelles le

1. Il convient peut-être d'observer qu'à l'époque où ce discours a été prononcé, la mort n'avait pas encore frappé l'éminent avocat et jurisconsulte Mᵉ Mathieu.

juge ne trouve même pas à propos de lancer un mandat de dépôt, supposez un homme accusé d'une de ces énormes escroqueries comme on en rencontre parfois sur le vaste théâtre de Paris ; supposez un abus de confiance sur une immense échelle, commis par un gérant, par un mandataire infidèle, au sein de ces grandes agglomérations de capitaux et d'affaires si fréquentes de nos jours. L'accusé est riche des dépouilles de ses victimes ; il peut, à l'étranger, braver la justice, au sein du luxe et de l'opulence. Fuira-t-il ? M. Marie ne le croit pas. Avouons-le, du moins, la tentation est grande et le danger immense. Il fuira, n'en doutez pas ! Et voilà l'homme à l'égard duquel l'honorable M. Marie veut lier la main du juge, en le condamnant à ne décerner qu'un mandat de comparution ! Est-ce là, je le demande, se préoccuper assez de la répression et de la sécurité sociale ? » (*Moniteur*, 1865, p. 677, 694.)

Il y a lieu de s'étonner du rapprochement fait par M. Mathieu entre ces deux délits, l'escroquerie et l'abus de confiance. Aux yeux de la loi, l'escroquerie est beaucoup plus grave que l'abus de confiance. L'article 405 du code pénal, en effet, punit l'escroquerie d'un emprisonnement d'un an au moins et de cinq ans au plus, tandis que l'article 406 ne punit l'abus de confiance que d'un emprisonnement de deux mois au moins et de deux ans au plus. Il est donc conforme au code pénal de permettre à l'égard de l'individu prévenu d'escroquerie l'emploi d'un mandat plus sévère qu'à l'égard de la personne inculpée d'abus de confiance.

En fait, d'ailleurs, l'abus de confiance sur une immense échelle, tel que le conçoit M. Mathieu, est beaucoup plus rare que l'abus de confiance sur une moyenne ou sur une petite échelle ; cette échelle, le juge d'instruction la mesure-t-il toujours exactement ? Ne la voit-il jamais trop haute sous le verre grossissant de sa responsabilité ? Ne prend-elle pas quelquefois à ses yeux les proportions fabuleuses de l'échelle de Jacob ?

Quant à l'escroquerie, l'objection de M. Mathieu tombe d'elle-même. Le *minimum* de la peine frappant ce délit est un an d'emprisonnement ; or, dans le système que j'ai l'honneur de soutenir, le mandat de comparution cesse d'être obligatoire à l'égard des inculpés passibles de six mois d'emprisonnement ; donc il n'est pas obligatoire à l'égard des escrocs.

C'est assez parler des mandats de comparution et d'amener[1] ; passons aux mandats de dépôt et d'arrêt, véritables points de départ de la détention préventive.

1. L'article 91 du code d'instruction criminelle porte : « Si l'inculpé fait défaut (sur le mandat de comparution), le juge d'instruction décernera contre lui un mandat d'amener. » M. Georges Annelot trouve que cette disposition légale « va un peu loin (*Notice sur la détention préventive en France et en Belgique*, page 7). » C'est mon avis ; toutefois je pense qu'à son tour M. Georges Annelot va un peu loin lorsqu'il ajoute : « Il eût été désirable d'apporter sur ce point une restriction, et de dire que le juge, à moins de circonstances graves et exceptionnelles, ne devrait décerner le mandat d'amener contre l'inculpé faisant défaut qu'autant que celui-ci encourrait une peine d'emprisonnement. » Dès qu'un inculpé refuse de se rendre volontairement à l'appel de la jus-

Après l'interrogatoire, ou dès que l'inculpé prend la fuite, le juge d'instruction peut décerner les mandats de dépôt ou d'arrêt, c'est-à-dire ordonner la détention préventive (art. 94 du code d'instruction criminelle).

Dans notre système, et par suite des explications que nous avons données, le pouvoir du juge d'instruction serait considérablement réduit : ce magistrat ne pourrait décerner les mandats de dépôt ou d'arrêt que contre les inculpés non domiciliés, les repris de justice, les individus pris en flagrant délit, ceux passibles de six mois d'emprisonnement au *minimum*, et aussi, bien entendu, contre ceux en fuite [1].

Une fois qu'il a été l'objet d'un mandat de dépôt ou d'arrêt, l'inculpé reste en état de détention préventive jusqu'à l'issue des poursuites, à moins qu'il n'obtienne sa mise en liberté provisoire.

En principe, le juge d'instruction est libre d'accorder ou de refuser la liberté provisoire avec ou sans caution (art. 94, 113 et 114 du code d'instruction criminelle). Par exception, en matière correctionnelle, la liberté provisoire sans caution est de droit, cinq jours après l'interrogatoire, pour l'inculpé domicilié, passible d'une peine dont le *maximum* est inférieur à deux ans d'emprisonnement, pourvu qu'il ne se trouve pas en état de récidive légale (art. 113).

Ainsi la liberté provisoire ne constitue un droit que dans un cas spécial; dans les cas généraux, elle consiste en une faveur dont le juge d'instruction, le tribunal correctionnel, la chambre des appels correctionnels, la chambre des mises en accusation (art. 116) [2], en un mot, dont le magistrat est le dispensateur souverain.

tice, la justice, même en dehors de toute circonstance grave et exceptionnelle, a le droit de le faire venir de force, et peu importe, dans ce cas, que le fait incriminé entraîne ou non la peine de l'emprisonnement. Il faut que la justice modère son ardeur belliqueuse, mais il ne faut pas qu'elle désarme. Selon nous, il suffirait de substituer au mot *décernera*, employé par l'article, les mots *pourra décerner*, c'est-à-dire de s'en rapporter purement et simplement à la sagesse du juge d'instruction.

1. La loi belge du 20 avril 1874 porte : « Après l'interrogatoire, le juge d'instruction pourra décerner un mandat d'arrêt, lorsque le fait est de nature à entraîner un emprisonnement correctionnel de trois mois ou une peine plus grave. — Si l'inculpé a sa résidence en Belgique, le juge ne pourra décerner ce mandat que dans des circonstances graves et exceptionnelles, lorsque cette mesure est réclamée par l'intérêt de la sécurité publique. — Néanmoins, si le fait peut entraîner la peine des travaux forcés de quinze à vingt ans ou une peine plus grave, le juge d'instruction ne peut laisser l'inculpé en liberté que sur l'avis conforme du procureur du roi. »

A notre sens, ces dispositions ne protègent suffisamment ni la société, ni les citoyens : la société, car le mandat d'arrêt peut être nécessaire alors même que le délit n'entraîne qu'une peine inférieure à trois mois d'emprisonnement, si l'inculpé, par exemple, est un vagabond ou un repris de justice; les citoyens, car les expressions *circonstances graves et exceptionnelles* et *intérêt de la sécurité publique* sont d'une élasticité dangereuse. La loi belge du 18 février 1852 parlait déjà de *circonstances graves et exceptionnelles*, et M. Pergameni ne lui avait pas ménagé ses critiques : « Expression vague, disait-il, qui ouvre toute carrière à l'arbitraire des magistrats instructeurs. » (*De la détention préventive*, p. 18.)

2. Une question très-délicate est celle de savoir si le code d'instruction criminelle

Eh bien ! que penser d'une législation qui n'enregistre la liberté provisoire qu'à titre de faveur? Une faveur, la liberté provisoire ! Mais alors nos droits les plus sacrés cessent d'être des droits. Comment, il s'agit d'un inculpé, c'est-à-dire d'un homme que la loi présume innocent, et le magistrat, c'est-à-dire le ministre de la loi, ne lui laisse ou ne lui rend sa liberté qu'en s'écriant : « Car tel est notre bon plaisir ! » Allons donc ! La liberté provisoire est un droit. Que le législateur règle l'exercice de ce droit, rien de mieux ; mais que, pour éviter les difficultés de cette réglementation, il le nie purement et simplement, rien de pis.

Et pourtant le législateur de 1865 avait pensé qu'il était temps de proclamer le droit à la liberté provisoire. Écoutez le rapporteur de la loi du 14 juillet : « Nous avons cru qu'il était nécessaire, et ce sera la justification du rapport tout entier, de faire pénétrer dans l'esprit un peu rebelle, à à notre sens, de la magistrature, ce principe que la société devait être désarmée là où elle pourrait l'être sans péril pour la sécurité de tous ; qu'il fallait de plus en plus élargir le droit à la liberté individuelle, et, autant que possible, s'abstenir de la détention préventive. On vous le disait avec raison, les circulaires de la Chancellerie, cela est prouvé par les statistiques, ont été inefficaces pour réduire notablement le nombre des détentions préventives. Eh bien ! nous avons pensé, et cela a été surtout l'espérance de la commission, qu'en inscrivant dans la loi le droit à la liberté, dans certains cas, il y aurait de la part du législateur une telle volonté exprimée, que la magistrature, qui a conscience de ses devoirs et qui sait les remplir, s'inspirerait enfin du sentiment révélé par la loi nouvelle ; qu'en dehors des textes de la loi même, l'idée de la liberté provisoire s'emparerait de la pratique et des faits, et que vous verriez disparaître graduellement ces chiffres, douloureux pour moi, comme pour M. Marie, de la détention préventive. » (*Moniteur* du 30 mai 1865, p. 694.)

L'espérance de la commission a été singulièrement trompée. Les chiffres de la détention préventive ne sont pas moins douloureux aujourd'hui qu'autrefois. En 1862, sur 67,437 arrestations, il y avait eu 2,247 mises en liberté provisoire[1] ; en 1875, 98,086 individus ont été arrêtés, et 3,709 seulement ont été mis en liberté provisoire[2].

permet à la cour d'assises d'ordonner la mise en liberté provisoire de l'accusé, notamment lorsque l'affaire est renvoyée à une autre session. Il importe que le législateur s'empresse de reconnaître ou de donner ce droit à la cour d'assises. — L'année dernière, un individu, prévenu de complicité d'escroqueries commises par un sieur Barraud, accusé de banqueroute frauduleuse, avait été renvoyé devant la cour d'assises de la Seine. A l'audience, un incident se produisit, et l'affaire fut ajournée à une prochaine session. Ce prévenu, qui était resté en liberté provisoire au cours de l'instruction, fut obligé de demeurer en prison pendant l'intervalle des deux sessions ; et le verdict du jury devait le déclarer innocent.

1. Loi du 14 juillet 1865. — Exposé des motifs. SIREY, *Lois annotées*, 1865, p. 95, n° II.

2. Rapport de M. DE BROGLIE, garde des sceaux, sur l'administration de la justice criminelle pendant l'année 1875. (*Le Droit* du 8 septembre 1877.) « C'est 4 0/0 seulement, dit ce rapport. Cette proportion est faible ; il faut en conclure que les arrestations ne

A qui la faute? A la magistrature et à son « esprit un peu rebelle, » aurait répondu M. Mathieu qui, dans un élan d'enthousiasme au moins exagéré, s'écriait : « Je puis affirmer qu'après le vote du projet (de la loi du 14 juillet 1865), cette partie de la législation française sera la plus libérale de toutes les législations de l'Europe, et qu'à ce point de vue, la France marchera à la tête des nations civilisées (*Moniteur* du 28 mai 1865, p. 679). » Quant à nous, nous ne craignons pas de dire que la faute incombe au législateur.

Faire du magistrat instructeur l'arbitre de la liberté provisoire, tel a été l'idéal du législateur de 1865. « La liberté d'appréciation attribuée au juge, disait l'exposé des motifs de la loi du 14 juillet, est la donnée fondamentale du projet... La justice ou l'opportunité de la détention préalable ne sera jamais qu'une question de fait à décider dans chaque espèce par des considérations particulières; c'est le domaine du juge... On peut se fier à sa discrétion et à ses lumières, à l'amour du devoir, au sentiment de la responsabilité[1]. »

Pour l'aller chercher cette donnée fondamentale, il avait fallu s'embarquer et traverser la Manche. « L'idée qui caractérise le mieux la loi anglaise, ajoutait l'exposé des motifs, et qui l'a faite si féconde en résultats, c'est la grande latitude laissée au juge, qui est maître d'accorder ou de refuser la liberté provisoire moyennant caution ou sans caution, en matière de crime comme de délit[2]. »

Quoi, la loi anglaise consacrerait l'hérésie juridique signalée tout à l'heure, et qui plane, comme un oiseau de mauvais augure, au-dessus de notre code d'instruction criminelle! Cela, personne ne voudra le croire. Nous consulterons les jurisconsultes anglais, et tous, Blakstone à leur tête, nous déclareront que la liberté provisoire est un droit pour l'inculpé. Ce droit, est-il écrit dans la loi? Je n'en sais rien, mais à coup sûr il est écrit en lettres de feu dans les mœurs, et, chez nos voisins, la loi plie devant les mœurs, comme les préjugés et les abus devant le progrès.

Je prends à témoin M. Ernest Bertrand : « Toutes les fois, dit-il, que les faits ont une gravité exceptionnelle ou que l'inculpé n'a pas de bons antécédents, ou qu'il existe quelque raison de croire qu'il ne se représentera pas, la mise en liberté sous caution est refusée; seulement, elle l'est rarement, lorsqu'il n'existe pas de motif sérieux pour ne pas l'accorder. On peut dire qu'en Angleterre la mise en liberté sous caution est la règle, et la détention préventive l'exception. » (*De la détention préventive*, p. 35.)

sont opérées que dans les cas d'absolue nécessité. » Le beau raisonnement!... Certes la proportion est faible; mais elle est beaucoup trop faible, et l'on peut en conclure, malgré l'injonction de M. de Broglie, que l'arrestation est trop souvent opérée et surtout trop souvent maintenue.

1. Loi du 14 juillet 1865. — Exposé des motifs. Sirey, *Lois annotées*, 1865, p. 96, nos II et III.

2. Loi du 14 juillet 1865. — Exposé des motifs. Sirey, *Lois annotées*, 1865, p. 96, parag. II.

On fut donc bien mal inspiré lorsqu'on prit la loi anglaise pour guide de la loi française. Les mœurs judiciaires n'ont pas plus de similitude en deçà et au delà du détroit que les mœurs politiques. La liberté provisoire, heureuse importation des invasions germaniques, a poussé de profondes racines dans le sol de la Grande-Bretagne, si favorable au développement de toutes les libertés, et y a prospéré sous les rayons vivifiants de la procédure accusatoire; en France, au contraire, elle n'a jamais pu s'acclimater et a toujours végété à l'ombre de la procédure inquisitoriale. Eriger le magistrat en maître absolu de la liberté provisoire, c'est donner à ce bel arbuste un jardinier qui le cultive en Angleterre et qui l'arrache en France. Puisqu'on insérait dans notre loi une disposition de la loi anglaise, il fallait prier l'Angleterre de nous prêter ses magistrats.

Renonçons à copier servilement la loi anglaise ou quelqu'autre loi étrangère plus ou moins imparfaite elle-même et s'adaptant mal à nos mœurs, et, s'il nous faut un modèle, sachons le trouver dans les principes de l'équité.

Après avoir interdit la détention préventive à l'égard de certains inculpés, il faudrait que le législateur proclamât le droit pour les autres à la liberté provisoire sous caution.

L'inculpé susceptible de détention préventive aurait droit à la liberté provisoire sous caution. Telle serait la règle. Cette règle subirait deux exceptions. La liberté provisoire cesserait d'être un droit pour quiconque aurait pris la fuite ou serait passible d'une peine afflictive ou infamante.

Les peines, en matière criminelle, se divisent, on le sait, en peines afflictives et infamantes, et en peines infamantes seulement. Les peines afflictives et infamantes sont : la mort, les travaux forcés à perpétuité, la déportation, les travaux forcés à temps, la détention et la réclusion (art. 7 du code pénal); les peines infamantes seulement sont : le bannissement et la dégradation civique (art. 8). La liberté provisoire sans caution cesserait par conséquent d'être un droit pour les individus passibles des peines de mort, des travaux forcés à perpétuité, de la déportation, des travaux forcés à temps, de la détention et de la réclusion.

Qui nous accuserait de sacrifier l'intérêt social à l'intérêt individuel?

En 1865, MM. Marie, Jules Favre, Ernest Picard et autres, avaient présenté un amendement aux termes duquel la liberté provisoire était de droit en matière correctionnelle, sans caution lorsque le prévenu se trouvait domicilié ou qu'une personne domiciliée dans le lieu de la poursuite le réclamait, et, dans le cas contraire, moyennant un cautionnement de 2,000 francs au plus. Cet amendement était autrement audacieux que notre proposition.

Sans doute, en renversant la barrière élevée par M. Marie entre les délits et les crimes, pour la placer entre les crimes passibles d'une peine infamante seulement et ceux passibles d'une peine afflictive et infamante, nous élargissons le champ de la liberté provisoire. M. Marie accordait la liberté provisoire à tous les prévenus de délits; nous, nous la donnons de plus aux inculpés de crimes punis du bannissement ou de la dégradation civique;

mais il suffit de parcourir le recueil de nos lois criminelles, pour acquérir la conviction que les faits frappés par ces deux peines ne sont guère de nature à nécessiter la détention préventive. Dans quel but d'ailleurs le criminel, menacé du bannissement ou de la dégradation civique, prendrait-il la fuite?

Sans doute nous élargissons le champ de la liberté provisoire; mais combien M. Marie et nous, nous la concevons différemment, la liberté provisoire! Tout individu prévenu d'un délit correctionnel, pourvu qu'il soit domicilié ou réclamé par une personne domiciliée dans le lieu de la poursuite, a droit à la liberté provisoire sans caution; voilà le système de M. Marie; tout inculpé, à la condition qu'il ne soit point passible d'une peine afflictive et infamante, a droit à la liberté provisoire sous caution; voilà le nôtre. D'un côté, pas de caution, de l'autre, une caution.

On objectait à M. Marie que le domicile n'est pas toujours une garantie suffisante contre la fuite. « Dans les pays qui admettent l'élargissement *de droit* en matière correctionnelle, la mise en liberté provisoire ne peut avoir lieu que moyennant une caution; c'est la garantie obligée, la condition indispensable[1]. » Nous tenons compte de l'objection : la liberté provisoire ne constitue un droit que pour l'individu qui offre une caution.

Pour protéger ce droit, il semble nécessaire que la loi détermine le chiffre et la nature de la caution. L'amendement Marie fixait la caution à 2,000 francs au plus. Nous croyons cependant que le chiffre de la caution « s'élève ou s'abaisse avec la position de l'inculpé, la nature de l'infraction et la gravité de la peine[2] », et que par conséquent « il est sage, parce que cela est nécessaire, de l'abandonner à la libre appréciation du juge[3]. » Ne suffirait-il pas que la loi dise : la liberté provisoire sous caution est un droit, pour que le juge d'instruction se garde de rendre ce droit illusoire en exigeant une caution exagérée?

Enfin, après avoir proclamé le droit à la liberté provisoire sous caution, le législateur n'aurait pas encore achevé son œuvre. Il devrait défendre expressément au juge d'instruction, dans le cas où la liberté provisoire serait de droit, d'accepter la caution, et, dans les autres cas, d'ordonner la détention préventive, à moins d'une nécessité absolue.

Je m'arrête, car je n'ai pas la prétention de proposer un système complet de législation en matière de détention préventive. Que de critiques pourtant il me serait facile de formuler contre le code d'instruction criminelle, sans sortir de mon sujet! Est-il convenable, par exemple, que le mandat de dépôt ne contienne ni l'énonciation du fait incriminé, ni la citation de la loi punissant ce fait, c'est-à-dire soit aussi laconique qu'une lettre de cachet[4]? Est-il convenable que le magistrat instructeur emploie indifféremment le mandat de dépôt ou le mandat d'arrêt? La loi belge du 18 février

1. Loi du 14 juillet 1865. — Exposé des motifs. Sirey, *Lois annotées*, 1865, p. 97, n° V.
2. Loi du 14 juillet 1865. — Exposé des motifs. Sirey, *Lois annotées*, 1865, p. 96, n° IV.
3. Loi du 14 juillet 1865. — Rapport. Sirey, *Lois annotées*, 1865, p. 102, n° XXVI, parag. 2.
4. Voir *suprà*, pages 7, not. 1.

1852 répondait négativement[1]. Est-il convenable que le juge d'instruction ne puisse donner mainlevée du mandat de dépôt sans prendre l'avis du procureur de la République? Le juge d'instruction met plus facilement un prévenu en prison qu'en liberté. Est-il convenable que la demande afin de mise en liberté provisoire soit notifiée à la partie civile? La liberté individuelle peut être sacrifiée à un intérêt privé.

Il nous reste, pour achever notre tâche, à visiter les différents lieux de détention préventive. Ce sera un lugubre voyage; mais nous ne voyageons pas toujours pour notre agrément. D'ailleurs, des guides sûrs et expérimentés s'offrent à nous : les membres de la commission d'enquête sur le régime des établissements pénitentiaires, nommée en vertu de la résolution de l'Assemblée nationale, du 25 mars 1872.

Un individu est arrêté en vertu d'un mandat d'amener ou sans mandat. Où le conduit-on? Il ne peut être écroué dans la maison d'arrêt que sur le vu d'un mandat d'arrêt ou de dépôt (art. 609 du code d'instruction criminelle). On l'enferme dans un endroit généralement appelé *dépôt*. Là, il séjourne jusqu'à son interrogatoire par le juge d'instruction.

Le dépôt de Montbenoit, au dire de M. Mettetal, est un véritable pigeonnier. Pour l'atteindre, détenus et gendarmes sont obligés de gravir une échelle perpendiculaire, de se livrer à un exercice de gymnastique plus périlleux encore pour les gendarmes que pour les détenus[2]. A Aubenas, se trouve un dépôt assez important. Son gardien ne le garde pas. Il confie ce soin à sa femme et à sa fille. Un jour, un détenu s'échappe. C'est la fille du gardien qui, armée d'un couteau, court après lui et le ramène[3].

Du dépôt, le prévenu se rend à la maison d'arrêt. Le plus souvent, il fait la route à pied, enchaîné entre deux gendarmes, « spectacle dégradant et immoral, s'écrie avec une juste indignation M. le vicomte d'Haussonville, qu'on ne saurait impunément présenter chaque jour aux yeux des populations[4]. » Quand il n'en fait pas métier, l'homme cache ses plaies; la société, elle, étale les siennes au grand jour.

Les maisons d'arrêt, qui sont pour la plupart de vieilles geôles, de vieux châteaux et de vieux couvents encore pleins des ténèbres humides du moyen-âge, manquent des conditions les plus essentielles à la vie. « La maison d'arrêt de Besançon, dit M. Mettetal, est dans un état déplorable, révoltant. C'est un caveau infect, sans air ni lumière, divisé en compartiments dans lesquels on entasse trente ou quarante détenus. Elle offre un spectacle hideux à voir[5]. » La prison de Thiers, si nous en croyons M. Fer-

1. La loi belge du 14 février 1852 réservait le mandat d'arrêt pour les crimes entraînant une peine capitale ou perpétuelle. Celle du 20 avril 1874 a supprimé le mandat de dépôt.

2. Enquête parlementaire, t. II, p. 341.

3. Enquête parlementaire, déposition de M. Tailhand, t. II, p. 346.

4. Enquête parlementaire, t. VI, p. 58.

5. Enquête parlementaire, t. II, p. 241.

dinand Desportes, n'offre pas un spectacle moins hideux. « Cet établissement défie toute description. Il est cloué au flanc d'une montagne à pic ; il faut grimper plusieurs escaliers pour parvenir aux premières pièces habitables, et cependant il faut encore en franchir d'autres pour monter à la cour. C'est un puits donnant sur un abîme. Là, ni air, ni jour, ni espace. J'y ai vu, ajoute M. Ferdinand Desportes, dix-huit hommes entassés dans une seule petite pièce servant d'atelier. Quand il y en a trop, on en place quelques-uns dans le taudis qu'on appelle le quartier des femmes, et celles-ci s'en vont dans un recoin ordinairement inhabité et toujours inhabitable[1]. » Les prisons du Châtelet de Paris, au dix-huitième siècle, n'avaient pas un aspect plus repoussant[2].

Insalubres au point de vue matériel, les maisons d'arrêt ne le sont pas moins au point de vue moral. Le plus souvent les prévenus croupissent au milieu des condamnés, les jeunes garçons au milieu des adultes, les jeunes filles au milieu des femmes. M. de Pressensé a visité la prison du Havre, et voici le souvenir qu'il en a rapporté : « Il y avait dans une même salle trente ou quarante prévenus parmi lesquels un jeune homme de dix-sept à dix-huit ans, un ancien forçat, et un vieux récidiviste prévenu d'un attentat aux mœurs d'un caractère odieux. Tous ces détenus dormaient dans le même dortoir, et ce dortoir ne possédait même pas un guichet par lequel on pût surveiller tout ce monde[3]. » Dans plusieurs villes, à Bourg notamment, les prostituées ne sont pas séparées des autres femmes, les brebis galeuses ne sont pas extraites du troupeau[4]. Quelquefois enfin les hommes et les femmes habitent des quartiers si voisins, qu'ils échangent des signes et des billets, à moins qu'ils n'aient des rapports plus directs[5].

Après cette excursion en province, rentrons dans Paris.

Ici, les personnes arrêtées sont mises d'abord au violon. M. Bournat, notre honorable confrère, déclare que les violons de Paris « sont à peu près tous privés d'air, obscurs et infects[6]. »

Les détenus sont ensuite transférés au dépôt de la préfecture de police. A cet effet, ils montent dans une voiture cellulaire. Paris, en cela, est en progrès sur la province. Parfois malheureusement, les cellules de la voiture sont insuffisantes, et les détenus « sont entassés dans le couloir » situé au milieu de la voiture[7].

Pour ceux qui sont descendus dans ce cloaque, le dépôt de la préfecture de police, les descriptions qu'en font MM. Maxime Du Camp et Bournat[8] ne

1. Enquête parlementaire, t. II, p. 204.
2. Ch. Desmaze, *Le Châtelet de Paris*, p. 344.
3. Enquête parlementaire, t. II, p. 230.
4. Enquête parlementaire, déposition de M. de Pressensé, t. II, p. 231.
5. Enquête parlementaire, t. II. p. 231.
6. Enquête parlementaire, t. III, p. 190.
7. Enquête parlementaire, rapport de M. Bournat, t. III. p. 237.
8. Maxime du Camp, *Paris, ses organes, ses fonctions et sa vie*, t. III. — Enquête parlementaire, t. III, p. 237.

sont pas assez sombres. Le dépôt comprend deux quartiers : celui des hommes et celui des femmes. Néanmoins les détenus des deux sexes entrent par la même porte et passent par le même greffe. Dans ce greffe, ce sont des hommes qui mesurent la taille des femmes. Les quartiers sont divisés en cellules et en salle commune. Le dépôt est un hôtel borgne recevant journellement plus de quatre cents voyageurs, et n'ayant que cent cinquante-neuf chambres pour les loger. A défaut de chambres, il prête ses salons. Quels salons! La salle commune du quartier des hommes est double. Il y a *la salle des habits noirs* et *la salle des blouses.* « L'habit ne fait pas le moine », dit le proverbe; mais le dépôt comme le monde donne tort au proverbe. La salle des blouses, c'est le dépôt dans toute sa beauté, par conséquent dans toute sa laideur. On la nommerait plus exactement la salle des guenilles. Sous ces guenilles cependant bat quelquefois un cœur d'innocent, un cœur d'honnête homme; que ce cœur doit cruellement se soulever dans ce centre de putréfactiou où roulent les uns sur les autres tous les détritus du vice! Ce qu'on entend là, ce qu'on voit, le plus cynique de nos romanciers réalistes n'oserait pas l'exprimer. La surveillance est impossible ou à peu près. Qu'un gardien survienne; immédiatement les détenus l'entourent, et se pressent contre lui jusqu'à l'étouffer. C'est ce qu'ils appellent *la poussée* ou *la pousse.* Le sobriquet donné à la police, *la rousse,* vient de *la pousse,* prétendent ceux qui cherchent l'étymologie jusqu'au fond de l'argot[1].

A leur sortie du dépôt, les prévenus sont transportés dans la maison d'arrêt, Mazas pour les hommes, Saint-Lazare pour les femmes.

L'isolement individuel, scrupuleusement observé, interdit, à Mazas, toute promiscuité malsaine. Passons donc. Où les vices abondent, les imperfections disparaissent.

Avant d'être une prison, Saint-Lazare était un couvent, et, avant d'être un couvent, un lazaret. En cessant d'être un couvent, elle est redevenue un lazaret, elle a retrouvé une destination conforme à son origine et à son nom. Aujourd'hui, comme sous Louis VII, Saint-Lazare est l'empire de la lèpre; mais la lèpre d'aujourd'hui est plus dangereuse que la lèpre d'autrefois. Celle-ci ne rongeait que les corps; celle-la, de plus, dévore les âmes.

Saint-Lazare renferme quatre catégories de détenues : des prévenues, des jeunes filles en correction paternelle, des condamnées, et enfin des prostituées. « Jamais un médecin, observe M. Maxime Du Camp, n'aurait l'idée de mettre ensemble, dans le même hôpital, des malades ordinaires et des individus atteints de maladies contagieuses infailliblement mortelles. Cependant c'est ce que l'on fait tous les jours à Saint-Lazare[2]. » On fait plus : on retient avec les lépreuses des femmes en parfaite santé (il y a des innocentes parmi les prévenues). Etonnez-vous qu'échappées de ce lazaret

1. Enquête parlementaire, rapport de M. Bournat, t. III, p. 241.
2. Maxime du Camp, *Paris, ses organes, ses fonctions et sa vie,* t. III, p. 302.

infâme, elles sèment autour d'elles des germes épidémiques! Ces malheureuses ne vivent pas en commun, comme dans la prison de Bourg [1]; qu'importe! Elles respirent toutes le même air, un air de mauvais lieu. « Elles ne se voient pas, disait une sœur à M. Bérenger, mais elles se sentent [2]. » Certes, elles se sentent; mais elles se voient aussi à la chapelle, et elles se rencontrent à l'infirmerie [3]! M. Maxime Du Camp trouve deux livres de messes sur une enfant de seize ans à peine; écoutez-le : « Sur les marges, sur les blancs laissés par les alinéas, la petite prisonnière a écrit ses pensées; plusieurs fois les dates sont indiquées, on peut suivre la progression; elle est effroyable. Saint-Antoine, dans le désert, ne fut pas plus tourmenté. Au fur et à mesure que les jours s'écoulent, que l'influence des compagnes pèse davantage, le langage s'accentue, les rêveries se formulent, le sentiment s'égare, change d'objet, devient maladif, outré, hors nature, et fait croire qu'on lit les élucubrations d'une évadée de Charenton; jamais cri échappé à une Sapho éperdue ne fut à la fois plus plaintif et plus vibrant [4]. »

Voilà l'état des lieux de détention préventive. La morale n'est pas seule à en rougir. La loi veut que les prisons préventives soient entièrement distinctes des prisons pénales (art. 604 du code d'instruction criminelle); cependant presque toutes les maisons d'arrêt se confondent avec les maisons de correction, et, dans un grand nombre de ces maisons mixtes, les prévenus se confondent avec les condamnés. Quoi de plus déplorable? On permet à la jeune fille de conserver ses cheveux, et on lui défend de garder sa pudeur; ses cheveux repousseraient cependant et sa pudeur fanée ne s'épanouira plus. Il faut respecter la loi, séparer les prévenus des condamnés. Ce n'est point assez. Certains prévenus sont aussi dégradés que des condamnés; que dis-je? le prévenu d'aujourd'hui est quelquefois le condamné d'hier. Il faut séparer les détenus les uns des autres. En un mot, il faut adopter le système cellulaire « L'isolement complet conduit à la démence, » objectait jadis Benjamin Constant [5]. Ce qui conduit à la démence, c'est le secret et non la cellule.

Ce système d'ailleurs, qui allait peut-être acquérir droit de cité en France lorsque M. de Persigny le frappa de proscription [6], ce système vient de nous être rendu, au moins en partie, par la loi du 5 juin 1875.

En résumé, la détention préventive, telle qu'elle s'exerce, est une institution mauvaise. Elle constitue souvent une cruauté, toujours une souillure. Si le proviseur d'un collége, si la directrice d'un pensionnat de jeunes filles se conduisaient à l'égard de leurs élèves comme la société envers ses prisonniers, ils seraient traduits devant le tribunal correctionnel pour excitation de mineurs à la débauche et sévèrement punis. Une réforme est urgente.

1. Enquête parlementaire, déposition de M. DE PRESSENSÉ, t. II, p. 231.
2. Enquête parlementaire, t. III, p. 311.
3. Enquête parlementaire, rapport de M. BÉRENGER, t. III, p. 307.
4. MAXIME DU CAMP, *Paris, ses organes, ses fonctions et sa vie*, t. III, p. 304.
5. Cours de politique constitutionnelle, t. I, p. 334.
6. Circulaire ministérielle du 19 avril 1853.

L'aurons-nous bientôt? Des personnes compétentes l'affirment. Nous n'osons guère l'espérer. Trop de fois nous avons eu l'occasion de mesurer la force de la routine, ce mouvement varié dont la vitesse croît proportionnellement au temps. La loi du 5 juin 1875 pourrait bien demeurer lettre morte[1] et les six gros volumes contenant les travaux de la commission d'enquête de l'Assemblée nationale s'ensevelir et dormir longtemps sous la poussière conservatrice de nos archives parlementaires.

1. FERNAND DESPORTES. La société générale des prisons. (*Le Droit* du 7 juillet 1877.)

Fontainebleau. — E. Bourges, imp. breveté.

LA FRANCE JUDICIAIRE

REVUE BI-MENSUELLE

DE LÉGISLATION, DE JURISPRUDENCE ET D'ÉLOQUENCE JUDICIAIRE

plus spécialement consacrée à recueillir

LES TRAVAUX JURIDIQUES, HISTORIQUES ET LITTÉRAIRES

DE LA MAGISTRATURE ET DU BARREAU

PUBLIÉE SOUS LE PATRONAGE DE

MM. **G. Bédarrides** (O. ❋), président à la Cour de cassation; — **A. Pouyer** (❋), président du tribunal de Rouen; — **E. Rousse** (❋), ancien bâtonnier de l'Ordre des avocats de Paris.

PAR

CHARLES CONSTANT

Avocat à la Cour d'appel de Paris.

AVEC LA COLLABORATION DE

MM. **Bauny de Récy**, sous-chef à la direction générale des Domaines; — **Belot**, professeur à la Faculté des lettres de Lyon; — **Bertin** (❋), avocat à la Cour de Paris, ancien rédacteur en chef du *Droit;* — **Chaix d'Est-Ange** (❋), avocat à la Cour de Paris; — **Coulon** (Henri), avocat à la Cour de Paris; — **Coulon** (❋), conseiller honoraire à la Cour d'Angers; — **Desjardins** (❋), avocat général à la Cour de cassation; — **Desmaze** (O. ❋), conseiller à la Cour de Paris; — **Flourens** (❋), maître des Requêtes au Conseil d'État; — **Garraud**, professeur à la Faculté de droit de Lyon; — **Glasson**, professeur à la Faculté de droit de Paris; — **Huart**, avocat à la Cour de Paris; — **Martin le Neuf de Neuf-Ville** (O. ❋), vice-président du Tribunal d'Alençon; — **Morillot**, substitut du procureur général près la Cour de Douai; — **Vente** (❋), conseiller à la Cour de cassation; — **Villey**, professeur agrégé à la Faculté de droit de Caen; — **Viollaud**, conseiller à la Cour d'Orléans.

PRIX DE L'ABONNEMENT

18 francs par an

PARIS

A. DURAND ET PEDONE-LAURIEL, ÉDITEURS

LIBRAIRES DE LA COUR D'APPEL ET DE L'ORDRE DES AVOCATS

G. PEDONE-LAURIEL, SUCCESSEUR

13, rue Soufflot, 13.

Fontainebleau. — E. Bourges, imp. breveté.

www.ingramcontent.com/pod-product-compliance
Ingram Content Group UK Ltd.
Pitfield, Milton Keynes, MK11 3LW, UK
UKHW020445220726
13923UKWH00005B/2355

9 782019 289560